Nina Eger

Carl Schmittt - Warum stellt Carl Schmitt die Freund-Feind-Unterscheidung und damit das „Politische" über alle anderen Sachgebieten?

GRIN Verlag

Bibliografische Information der Deutschen Nationalbibliothek:

Die Deutsche Bibliothek verzeichnet diese Publikation in der Deutschen National-
bibliografie; detaillierte bibliografische Daten sind im Internet über http://dnb.d-
nb.de/ abrufbar.

Impressum:

Copyright © 2008 GRIN Verlag GmbH
Druck und Bindung: Books on Demand GmbH, Norderstedt Germany
ISBN: 978-3-640-19266-3

Dieses Buch bei GRIN:

http://www.grin.com/de/e-book/116817/carl-schmittt-warum-stellt-carl-schmitt-die-
freund-feind-unterscheidung

GRIN - Your knowledge has value

Der GRIN Verlag publiziert seit 1998 wissenschaftliche Arbeiten von Studenten, Hochschullehrern und anderen Akademikern als eBook und gedrucktes Buch. Die Verlagswebsite www.grin.com ist die ideale Plattform zur Veröffentlichung von Hausarbeiten, Abschlussarbeiten, wissenschaftlichen Aufsätzen, Dissertationen und Fachbüchern.

Besuchen Sie uns im Internet:

http://www.grin.com/

http://www.facebook.com/grincom

http://www.twitter.com/grin_com

Carl von Ossietzky Universität Oldenburg

Sommersemester 2008

Seminar: Politische Theorie

Ausarbeitung
zu Carl Schmitts „Begriff des Politischen"

Vorgelegt von:

Nina Eger

6. Fachsemester SoWi

1. Einleitung

Von seinen Kritikern als Chamäleon des deutschen Staatsrechts, politischer Romantiker oder Kronjurist des deutschen Reiches bezeichnet,[1] war der promovierte Rechtswissenschaftler Carl Schmitt laut Paul Noack einer der bekanntesten und umstrittensten konservativen Denker. Carl Schmitt gehörte zu den Staatsrechtslehrern, die in den juristischen Debatten der Weimarer Republik den Ton angaben und galt als scharfer Kritiker der Weimarer Reichsverfassung sowie der parlamentarischen politischen Kultur. Nach der Machtübernahme trat er 1933 der NSDAP bei und machte schnell politisch Karriere. Durch publizistische Angriffe und interne Intrigen wurde seine steile Karriere 1936 allerdings vorzeitig beendet.[2]

Von allen Schriften Carl Schmitts hat „Der Begriff des Politischen", die größte Resonanz erfahren. An keiner anderen Schrift haben sich die Interpreten laut Paul Noack „stärker entzündet"[3] und durch kein anderes Werk wurde er berühmter und berüchtigter.[4]

In dieser Arbeit soll es nicht vornehmlich um die Person Carl Schmitts, sondern um seine Schrift „Der Begriff des Politischen" gehen. In dieser versucht Carl Schmitt den Begriff des „Politischen" näher zu definieren und stellt darauf ab, dass alle politischen Handlungen und Motive letztlich auf die Unterscheidung von Freund und Feind zurückführbar sind. In der ersten Auflage des Textes von 1927 steht das „Politische" und damit die Freund- Feind- Unterscheidung noch neben den anderen Sachgebieten des menschlichen Handelns.[5] Bereits in der zweiten Auflage von 1932 aber stellt Carl Schmitt das „Politische" über die anderen Sachgebiete. Um Carl Schmitts „Begriff des Politischen" besser zu verstehen, soll der Frage nachgegangen werden, warum die Freund- Feind- Unterscheidung und damit das „Politische" über allen anderen Sachgebieten steht.

Um diese Frage zu beantworten, soll zunächst kurz auf die Unterscheidung Carl Schmitts von „Politisch" und „Politik" eingegangen werden. In nächsten

---

[1] Vgl.: Meier, Heinrich, 1991, S. 169.
[2] Carl Schmitt verlor alle seine Partei- und Ehrenämter. Seinen Lehrstuhl, den er 1933 erhalten hatte, musste er allerdings erst Ende 1945 aufgeben, als er mit einem Lehrstuhlverbot belegt wurde (vgl. dazu: Brodocz, Andrè, 2002, S. 282f; Bevc, Tobias, 2007, S. 140; Meier, Heinrich, 1991, S. 169).
[3] Noack, Paul, 1993, S. 114.
[4] Meier, Heinrich, 1988, S. 11.
[5] Vgl.: Noack, Paul, 1993, S. 114.

Abschnitt wird der „Begriff des Politischen" anhand der Freund- Feind- Unterscheidung, der realen Möglichkeit des Kampfes, der Unentrinnbarkeit des Politischen und dem jus belli dargestellt. Da sich die Fragestellung dieser Arbeit vornehmlich auf den „ersten" Teil der Schrift bezieht, soll, damit ein Überblick über das gesamte Werk entstehen kann, im zweiten Abschnitt noch auf den Pluralismus der Staatenwelt, den Völkerbund und Carl Schmitts Kritik am Liberalismus eingegangen werden. Im Anschluss daran wird die Kritik am „Begriff des Politischen" von Leo Strauss, Karl Löwith und Hermann Heller dargestellt. Im Fazit soll mit einem Resümee auf die Fragestellung geantwortet werden.

2. „Politisch" vs. Politik

Mit dem „Begriff des Politischen" beschreibt Carl Schmitt laut Stefan May die Abwendung vom Politikmonopol des Staates. Dies wird schon mit dem ersten Satz: „Der Begriff des Staates setzt den Begriff des Politischen voraus"[6] deutlich. Das „Politische" schließt nach Stefan May das „Staatliche" demnach nur als eine Möglichkeit unter vielen ein.[7] Der Staat, wenn er als Monopolisierung des „Politischen" verstanden wird, war laut Christian Meier, nur eine historische Erscheinung; während das „Politische" (fast) immer vorhanden war.[8]

Diesen Sachverhalt verdeutlicht Carl Schmitt im Vorwort zur italienischen Ausgabe seiner Schrift, indem er schreibt:

> „Das klassische Profil des Staates zerbrach, als sein Politikmonopol entfiel. Neue, andersgeartete Subjekte des politischen Kampfes setzten sich durch, mit oder ohne Staat, mit oder ohne Staatsgehabe. Daraus ergab sich für das theoretische Denken eine neue Reflexionsstufe. Man unterschied jetzt die `Politik` von dem `Politischen` […]."[9]

Indem Carl Schmitt in seiner Schrift den Versuch unternahm das „Wesen des Politischen" zu erkennen, ging er nach Christian Meier weit über den bisheri-

---

[6] Schmitt, Carl, 1963, S. 20.
[7] Vgl.: May, Stefan, 1997, S. 441.
[8] Vgl.: Meier, Christian, 1988, S. 539.
[9] Schmitt, Carl, 1971, S. 271.

gen Wortsinn von „politisch" hinaus. Er substantivierte das Adjektiv „politisch" und versuchte damit das Ganze und den Kern des „Politischen" zu erfassen, wobei er dabei über die Frage nach der Politik hinauszielte. Politik und Staat waren demnach nur noch Teile des Ganzen, „das als „das Politische" auf den Begriff gebracht werden sollte."[10]

3. Begriff des Politischen Teil 1

Nach Carl Schmitt gibt es keine klare Definition des „Politischen". Wenn Politik definiert wird, so geschieht dies oft in Form von Antithesen. Politik erscheint dabei als negativer Gegensatz anderer Begriffe, z.B. Politik und Wirtschaft, Politik und Moral sowie Politik und Recht. Der Begriff „Politisch" wird oft mit „Staatlich" gleichgesetzt oder auf den Staat bezogen. Diese Gleichsetzung von „Politisch" und „Staatlich" ist nach Carl Schmitts Auffassung nicht möglich, wenn bedacht wird, dass in demokratisch organisierten Gemeinwesen Staat und Gesellschaft einander durchdringen; also alles bisher ausschließlich staatliche gesellschaftlich wird und vice versa.[11]

3.1 Freund- Feind- Unterscheidung

Eine Begriffsbestimmung des Politischen kann nach Carl Schmitt nur durch die Aufdeckung der spezifisch politischen Kategorien geschehen. Das Politische hat demnach seine eigenen Kriterien, die gegenüber den anderen Sachgebieten des menschlichen Handelns in eigener Weise wirksam werden.[12]
Als die anderen Sachgebiete des menschlichen Handelns bezeichnet Carl Schmitt die Moral, die Ästhetik und die Wirtschaft, da diese zwei Bedingungen erfüllen. Zum einen setzen sie alle eine Unterscheidung voraus, die sie von den anderen Sachgebieten unabhängig macht; die sog. „Letztunterscheidung". Diese ist wiederum die Voraussetzung für die Selbständigkeit des spezifischen

---

[10] Meier, Christian, 1988, S. 540.
[11] Vgl.: Schmitt, Carl, 1963, S. 20ff.
[12] Ebenda, S. 26.

Denkens und Handelns in diesem Sachgebiet und in ihrer Reichweite auf eben dieses beschränkt.[13]

Alle Sachgebiete des menschlichen Handelns lassen sich auf eigene letzte unabhängige Unterscheidungen reduzieren. Die „Letztunterscheidung" des Moralischen, die sie von den anderen Sachgebieten abgrenzt, ist die der Unterscheidung von „gut" und „böse". Das ästhetische Sachgebiet lässt sich auf die Dichotomie „schön" und „hässlich" herunterbrechen und das Ökonomische unterscheidet letztlich zwischen „rentabel" und „nicht-rentabel".[14]

Die spezifisch politische Unterscheidung, auf die sich alle politischen Handlungen und Motive zurückführen lassen, ist die von „Freund" und „Feind". Diese Unterscheidung hat den Sinn, den äußersten Intensitätsgrad einer Verbindung bzw. Trennung zu kennzeichnen.[15]

Die Freund- Feind- Unterscheidung kann sowohl theoretisch als auch praktisch bestehen, ohne dass gleichzeitig die Unterscheidungen der anderen Sachgebiete zum Tragen kommen müssen. Der politische Feind muss demnach nicht zwangsläufig moralisch böse, ästhetisch hässlich oder ökonomisch unrentabel sein so wie auch der politische Freund nicht gut, schön und rentabel zugleich sein muss. Der politische Feind ist nach Carl Schmitt immer der Andere, der im existenziellen Sinne Fremde; im extremen Fall sind mit ihm Konflikte[16] möglich, die nicht durch unbeteiligte Dritte lösbar sind.[17] Die Unterscheidung von Freund und Feind ist nach Carl Schmitt auch deshalb eine praktische; da Völker sich durch diese Unterscheidung gruppieren. Der Feind ist demnach eine der realen Möglichkeit nach kämpfende Gesamtheit von Menschen, die einer ebensolchen Gesamtheit gegenübersteht. In diesem Sinne ist der Feind immer nur ein öffentlicher Feind (hostis) und kein privater Gegner (inimicus), da alles was einer Gesamtheit gegenübersteht zwangsläufig öffentlich wird.[18]

---

[13] Ebenda S. 26f.
[14] Ebenda, 1963, S. 26f.
[15] Ebenda, 1963, S. 27.
[16] Ein sol,cher politischer Konflikt lässt sich dann nicht auf die Konkurrenz um Güter oder ähnliches zurückführen, da er immer die Möglichkeit der physischen Vernichtung beinhaltet. Vgl. dazu: May, Stefan, 1997, S. 442.
[17] Vgl.: Schmitt, Carl, 1963, S. 20ff.
[18] Ebenda, S. 28f.

3.2 Reale Möglichkeit des Kampfes

Zum Begriff des Feindes gehört immer auch die Möglichkeit des Kampfes oder Krieges zwischen bzw. innerhalb von organisierten Einheiten. Nach Carl Schmitt ist „Krieg [...] die äußerste Realisierung der Feindschaft."[19] Carl Schmitt betont, dass Krieg weder die Fortsetzung der Politik mit anderen Mitteln sei, wie Clausewitz oft falsch interpretiert wird, noch Sinn, Zweck oder Inhalt der Politik, aber als reale Möglichkeit immer vorhanden. Ein Volk ist nicht zeitlebens Freund oder Feind; auch Neutralität kann politisch gewollt sein. Letztere ist jedoch nur möglich, wenn es die Freund- Feind- Unterscheidung gibt, denn Neutralität braucht einen Gegensatz, damit von ihr gesprochen werden kann.[20]

Erst im wirklichen Kampf wird die äußerste Konsequenz der Freund- Feind- Unterscheidung sichtbar und von dieser extremen Möglichkeit her, gewinnt das Leben laut Carl Schmitt seine spezifisch politische Spannung. Wäre die Welt ohne die Möglichkeit eines solchen Kampfes, also rein pazifistisch, wäre sie zugleich auch ohne die Unterscheidung von Freund und Feind und damit auch ohne Politik. Wenn diese Unterscheidung aufgehoben wäre, könnte es zwar trotzdem zu Konkurrenz und Intrigen aller Arten kommen, allerdings ohne einen Gegensatz der im extremen Fall das Leben der Menschen verlangt bzw. sie töten lässt.[21] Dass eine solche Situation allerdings realistisch ist bezweifelt Carl Schmitt, denn erklärt ein Teil eines Volkes, dass es keinen Feind mehr habe, stellt es sich damit auf die Seite des Feindes und die Unterscheidung von Freund und Feind existiert weiter. Ebenso kann die Unterscheidung nicht dadurch aufgehoben werden, dass ein Volk der ganzen Welt eine Freundschaftserklärung macht. Die Welt wird dadurch nicht entpolitisiert, sondern ein anderes Volk wird die Herrschaft übernehmen und den Feind festlegen. Auf diese Weise verschwindet also nicht das „Politische", sondern „nur" ein schwaches Volk.[22]

---

[19] Ebenda, S. 33.
[20] Ebenda, S. 34f.
[21] Ebenda, S. 36f.
[22] Ebenda, S. 52ff.

Nach Carl Schmitt ist ein Krieg aus „rein" religiösen, moralischen oder ökonomischen Motiven sinnwidrig; kommt es zu einer Kampfgruppierung ist der maßgebende Gegensatz immer politisch.[23]

3.3 Unentrinnbarkeit des „Politischen"

Wenn eine „Letztunterscheidung" nicht in ihrer gesellschaftlichen Reichweite beschränkt ist, also auf alles gesellschaftlich Mögliche angewandt werden kann, dann ist diese Unterscheidung „total". Die Freund- Feind- Unterscheidung ist laut Andrè Brodocz eine solche „totale" Unterscheidung. Nach Carl Schmitt ist das „Politische" als etwas Totales erkannt worden und somit ist selbst die Entscheidung darüber, ob etwas unpolitisch sei, bereits eine politische Entscheidung.[24]

Da nach Carl Schmitt jeder Gegensatz zum politischen wird, wenn er nur stark genug ist, die Menschen nach Freund und Feind zu gruppieren, nimmt das „Politische" eine übergeordnete Stellung gegenüber den anderen Sachgebieten des menschlichen Handelns ein. Das „Politische" liegt demnach nicht im Kampf selbst, sondern in der Erkenntnis der eigenen Situation und der Aufgabe Freund und Feind zu unterscheiden. Es geht hierbei nicht vornehmlich um die Unterscheidung selbst, die das Kriterium des „Politischen" ausmacht, „sondern [um] die bis ins äußerste gesteigerte, >existentielle< Intensität dieser Unterscheidung."[25] Zum Beispiel ist eine religiöse Gemeinschaft die gegen eine andere Krieg führt, darüber hinaus auch eine politische Einheit. Eine ökonomische Klasse hört auch auf rein ökonomisch zu sein, sobald sie ihren Gegner, die andere Klasse, als wirklichen Feind betrachtet und behandelt.[26]

Der religiöse, ökonomische oder moralische Konflikt, hört nicht auf religiös, ökonomisch oder moralisch zu sein, sondern erreicht durch die Orientierung am Ernstfall den äußersten Intensitätsgrad und wird somit politisch.[27]

---

[23] Ebenda, S. 34ff.
[24] Vgl.: Brodocz, Andrè, 2002, S. 286.
[25] Vollrath, Ernst, 1989, S. 153.
[26] Vgl.: Schmitt, Carl, 1963, S. 37f.
[27] Ebenda, S. 37ff.

Das „Politische" bezeichnet zusammengefasst also kein eigenes Sachgebiet, sondern den Intensitätsgrad einer Assoziation bzw. Dissoziation von Menschen, deren Motive z.b. religiöser oder anderer Art sein können.[28] Sind die religiösen, wirtschaftlichen oder sonstigen Gegenkräfte so stark, dass sie die Entscheidung über den Ernstfall von sich aus bestimmen, dann werden sie zu der neuen Substanz der politischen Einheit. Die Fähigkeit über den Konfliktfall zu entscheiden macht diese Einheit souverän. Ist eine Einheit allerdings nicht stark genug, um einen gegen ihre Interessen beschlossenen Krieg zu verhindern, hat sie nicht den entscheidenden Punkt des „Politischen" erreicht. Ist sie zwar stark genug, um einen solchen Krieg zu verhindern, aber nicht stark genug um von sich selbst aus einen Krieg zu bestimmen, ist keine politische Einheit mehr vorhanden.[29]

Dass die politische Einheit ihrem Wesen nach die maßgebende Einheit ist, die den Konfliktfall entscheidet und nach Freund und Feind gruppiert, fasst Carl Schmitt folgendermaßen zusammen:

> „Die politische Einheit ist die höchste Einheit, nicht, weil sie allmächtig diktiert oder alle anderen Einheiten nivelliert, sondern weil sie entscheidet und innerhalb ihrer selbst alle anderen gegensätzlichen Gruppierungen daran hindern kann, sich bis zur extremen Feindschaft (d.h. bis zum Bürgerkrieg) zu dissoziieren."[30]

---

[28] Ebenda, S. 35ff.
[29] Ebenda, S. 40f.
[30] Schmitt, Carl, 1930, S. 141.

3.4 jus belli

Zum Staat als politische Einheit gehört das sog. jus belli, die reale Möglichkeit den politischen Feind festzulegen, zu bekämpfen und damit über das Leben der Menschen zu bestimmen. Die Aufgabe eines Staates ist es, innerhalb seiner Grenzen eine vollständige Befriedung herzustellen und damit eine normale Situation zu schaffen, in der Rechtsnormen gelten können. In kritischen Situationen der innerstaatlichen Befriedung kann es dazu kommen, dass der Staat einen inneren Feind bestimmt. Im extremen Fall kann es dann zu einem Bürgerkrieg kommen, der über das weitere Schicksal der politischen Einheit entscheidet.[31]

Durch die Macht über das physische Leben, erhebt sich nach Carl Schmitt die politische Einheit über alle anderen. Christian Meier hebt hervor, dass was immer die anderen Sachgebiete des menschlichen Handelns können, „die Entscheidung über Krieg und Frieden können sie nicht treffen, das Opfer des Lebens können sie von ihren Angehörigen nicht verlangen [...]."[32] Eine religiöse Gemeinschaft kann zwar von ihren Mitgliedern verlangen für ihren Glauben zu sterben, aber nur für das individuelle Seelenheil und nicht für die Gemeinschaft, sonst würde es sich um eine politische Einheit handeln. Auch in einer ökonomisch bestimmten Gesellschaft kann nicht verlangt werden, dass ein Mitglied sein Leben für diese opfere, da dies im Widerspruch zu der liberalen Wirtschaftsordnung stünde.[33]

---

[31] Vgl.: Schmitt, Carl, 1963, S. 46f.
[32] Meier, Christian, 1988, S. 538.
[33] Vgl.: Schmitt, Carl, 1963, S. 46ff.

4. Begriff des Politischen Teil 2

4.1 Pluralismus der Staatenwelt

Der Staat ist nach Carl Schmitt, aufgrund seines politischen Charakters eine maßgebende Einheit.[34] Er unterscheidet zwischen dem innerstaatlichen Pluralismus und dem Pluralismus der Staatenwelt.

Bei dem innerstaatlichen Pluralismus kritisiert Carl Schmitt die Motive, die keine Einheit schaffen, sondern lediglich miteinander konkurrierende Assoziationen. Der Staat wird in diesem Zusammenhang zu einer Gesellschaft die aus verschiedenen Ideen wie Religion und Ökonomie besteht; das „Politische" wird dabei ignoriert.[35]

Im Gegensatz zum innerstaatlichen Pluralismus folgt aus dem „Begriff des Politischen" der Pluralismus der Staatenwelt. Da die politische Einheit die reale Möglichkeit des Feindes voraussetzt, muss es demnach auch mindestens eine andere politische Einheit geben. Daraus folgt, dass solange es einen Staat gibt, es keinen Weltstaat geben kann. Würde es einen Weltstaat geben, wäre keine politische Einheit mehr vorhanden, da die Freund- Feind- Unterscheidung aufgehoben wäre.[36] Andrè Brodocz bringt Carl Schmitts These auf den Punkt, indem er sagt: „Keine Freundschaft ohne Feindschaft."[37]

4.2 Völkerbund

Der idealtypische Völkerbund, wäre ein Bund dem alle Staaten angehören. Dieser Idealzustand würde nach Carl Schmitt zur Auflösung aller staatlichen Grenzen führen, da die damit erreichte Verbindung aller Staaten die Freund- Feind- Unterscheidung aufheben und somit unpolitisch werden würde.[38]

Dem Idealzustand des Völkerbundes stellt Carl Schmitt den im Jahr 1919 entstandenen Genfer- Völkerbund entgegen, bei dem keine Entwicklung zur Staatenlosigkeit zu beobachten sei:

---

[34] Ebenda, S. 44.
[35] Ebenda, S. 45.
[36] Ebenda, S. 54f.
[37] Brodocz, Andrè, 2002, S. 288.
[38] Vgl.: Schmitt, Carl, 1963, S. 56.

„Der Genfer Völkerbund hebt die Möglichkeit von Kriegen nicht auf, sowenig wie er die Staaten aufhebt. Er führt neue Möglichkeiten von Kriegen ein, erlaubt Kriege, fördert Koalitionskriege und beseitigt eine Reihe von Hemmungen des Krieges dadurch, daß er gewisse Kriege legitimiert und sanktioniert."[39]

Der 1919 gegründeten Form des Völkerbundes weist Carl Schmitt keine politische Bedeutung zu. Diese kann der Völkerbund nur erhalten, wenn er das Recht erhält über den Krieg zu bestimmen und zu einer politischen Einheit wird. Sobald der Völkerbund allerdings alle Staaten umfasst, ist er nicht länger politisch.[40]

4.3   Kritik am Liberalismus

Im letzten Abschnitt des „Begriff des Politischen" wendet sich Carl Schmitt der Kritik am Liberalismus zu. Der Liberalismus kann sich nach ihm nicht der Politik entziehen und bedient sich ihrer sogar. Carl Schmitt stellt kritisch die Frage nach der spezifisch politischen Idee, die aus dem individualisierten Liberalismus resultiert. Das Vorhandensein einer allgemeinen liberalen Politik verneint Carl Schmitt, da sich diese nur gegen Einschränkungen in bestimmten Bereichen richte und vor allem innenpolitisch aktiv sei. Staat und Politik dienten im Liberalismus nur der Sicherung bestimmter Freiheiten. Carl Schmitt betont, dass das „Politische" im Ernstfall das Leben der Einzelnen verlangen muss; was unvereinbar mit der Idee des Liberalismus sei.[41]

---

[39] Ebenda, S. 57.
[40] Ebenda, S. 56ff.
[41] Ebenda, S. 68ff.

5. Kritik

5.1 Leo Strauss

Der Kern, der von Leo Strauss geübten Kritik am „Begriff des Politischen" bezieht sich auf das Verhältnis von Politik und Moral. Leo Strauss kritisiert, dass Carl Schmitt verberge, dass das Moralische „letztendlich doch dem Poltischen vorangeht."[42] Er stellt darauf ab, dass Carl Schmitts Politikbegriff die Gefährlichkeit des Menschen voraussetzen würde, ohne darauf einzugehen, ob die Gefährlichkeit immer vorhanden sei oder auch beseitigt werden kann. Nach Andrè Brodocz zeigt sich die Unsicherheit Carl Schmitts in dieser Frage darin, dass er einerseits das „Politische" für unentrinnbar hält und es andererseits als bedroht ansieht. Da das „Politische" aber nur vom dem, der das „Politische" in seiner Existenz bejaht, als bedroht angesehen werden kann, fragt Leo Strauss warum Carl Schmitt das „Politische" dann bejaht. Die Bejahung des „Politischen" würde nach Leo Strauss auch die Bejahung der Gefährlichkeit des Menschen bedeuten und nicht ihre Überwindung. Leo Strauss argumentiert, dass diese Bejahung nur moralisch Sinn mache, denn nur wer die Gefährlichkeit bejaht und einen Streit über Leben und Tod zu führen bereit ist, der ist auch bereit die richtigen Antworten auf die moralischen Fragen zu suchen.[43]

5.2 Karl Löwith

Nach Karl Löwith fehlt es Carl Schmitts Begriff der politischen Entscheidung an der Selbstbestimmung der Entscheidung; eine politische Entscheidung ist nur eine Entscheidung für die Entschiedenheit. Der Entscheidung zwischen Freund und Feind fehlt es nach Karl Löwith an eigenen Kriterien, denn erst mit der getroffenen Unterscheidung werden Freund und Feind sichtbar. Die Entscheidung wird demnach vollständig von der konkreten Gelegenheit abhängig. Für Carl Schmitts Begriff des „Politischen" kommt es demnach nur darauf an,

---

[42] Brodocz, Andrè, 2002, S. 301.
[43] Ebenda, S. 301.

dass entschieden wird, was zur Folge hat, dass der Begriff nicht über die politischen Handlungen hinaus führt.[44]

5.3 Hermann Heller

Nach Hermann Heller erklärt Carl Schmitt nicht hinreichend, warum alle Arten politischen Denkens und Handelns von der Freund- Feind- Unterscheidung bestimmt sein sollen. Hermann Heller stellt darauf ab, dass die Freund- Feind- Unterscheidung nicht notwendigerweise eine rein politische sein muss. Carl Schmitt geht laut Hermann Heller, von einem statischen Begriff der politischen Einheit aus, der die Entstehung und permanente Aufrechterhaltung dieser nicht einbezieht. Politisches Handeln umfasst nach Hermann Heller allerdings alle Entscheidungen, die sich auf das Herstellen und die Aufrechterhaltung einer Einheit richten; die Behauptung einer Einheit gegenüber einem äußeren Feind ist dabei nur ein Mittel unter vielen.[45]

Des Weiteren interpretierte Hermann Heller, in Form eines Zeitungsartikel von 1928, die Freund- Feind- Unterscheidung Carl Schmitts als eine Vernichtungstheorie;[46] diese Deutung wurde auch nach 1945 üblich. Carl Schmitt wehrte sich in einem Antwortbrief vom 18. Dezember 1928 entschieden gegen Hermann Hellers Interpretation:

> „Ich wäre Ihnen ... sehr dankbar, wenn Sie mir gelegentlich mitteilen würden, an welchen Stellen und in welchem Zusammenhang die Wendung von dem >existentiell zu vernichtenden Feind< ... vorkommt. Ich erinnere mich nicht, davon gesprochen zu haben, daß der Feind vernichtet werden soll, vielmehr ist von einem Pluralismus der politischen Welt die Rede .... . Ich sehe den Sinn des Krieges in der Abwehr des Feindes [...]."[47]

---

[44] Ebenda, S. 302.
[45] Ebenda, S. 302f.
[46] Vgl.: Noack, Paul, 1993, S. 118f.
[47] Ebenda, S. 119.

6. Fazit

Nachdem nun die wesentlichen Eckpunkte von Carl Schmitts „Begriff des Politischen" dargestellt wurden, ist festzuhalten, dass er seine Überordnung des „Politischen" mit drei Hauptargumenten begründet. Erstens führt er an, dass die politische Einheit deshalb über den anderen Sachgebieten steht, weil sie die Fähigkeit zur Entscheidung über Freund und Feind besitzt. Zweitens hat das „Politische" im Gegensatz zu den anderen Sachgebieten, die Macht über das physische Leben zu bestimmen. Und drittens ist die Freund- Feind- Unterscheidung eine „totale" Unterscheidung, also in ihrer gesellschaftlichen Reichweite unbegrenzt; was dazu führt, dass jeder Gegensatz, wenn er nur stark genug ist, politisch werden kann.

Die angeführten Kritiker Leo Strauss, Karl Löwith und Hermann Heller argumentieren gegen Carl Schmitts Überordnung des „Politischen". Leo Strauss verweist auf das „verschwiegene" Verhältnis von Politik und Moral und stellt darauf ab, dass das „Moralische" letztlich dem „Politischen" vorangehe. Karl Löwith kritisiert weiterhin, dass die Entscheidung zwischen Freund und Feind immer nur von konkreten Situationen abhängig sei und deshalb nicht über die politischen Handlungen hinausführe. Zuletzt führt Hermann Heller kritisch an, dass Carl Schmitt nicht hinreichend erkläre, warum alle Arten des politischen Denkens und Handelns von der Freund- Feind- Unterscheidung gekennzeichnet sein sollen und gibt zu bedenken, dass diese Unterscheidung nicht zwangsläufig eine rein politische sein muss.

Auf die eingangs gestellte Frage, warum die Freund- Feind- Unterscheidung und damit das „Politische" über den anderen Sachgebieten steht, lässt sich entweder mit den aufgeführten Argumenten Carl Schmitts antworten oder mit den Gegenargumenten seiner Kritiker. Unabhängig davon, ob man eher Carl Schmitts Argumentation oder der seiner Kritiker zugeneigt sein mag, lässt sich festhalten, dass beide Seiten ihren Standpunkt nachvollziehbar begründen.

Stellt man allerdings die Frage nach der Aktualität der Überordnung des Politischen, z.B. in Bezug auf religiös motivierte Kriege scheint die von Leo Strauss angeführte These, dass nicht etwa das „Politische" über allem stehe, sondern das „Moralische" dem „Politischen" letztlich vorangehe, der Wahrheit näher zu kommen und somit eine mögliche Schwachstelle an Carl Schmitts Begriff des „Politischen" aufzuzeigen.

Literatur

Bevc, Tobias: Politische Theorie, UTB Verlagsgesellschaft, Konstanz, 2007, S. 129-148.

Brodocz, Andrè: Die politische Theorie des Dezisionismus, in: Brodocz, Andrè/ Schaal, Gary S.: Politische Theorien der Gegenwart, Leske + Budrich, Opladen, 2002, S. 281- 316.

May, Stefan: Der Begriff des Politischen, in: Stammen, Theo/ Riescher, Gisela/ Hofmann, Wilhelm (Hrsg.): Hauptwerke der politischen Theorie, Alfred Kröner Verlag, Stuttgart, 1997, S. 440- 444.

Meier, Christian: Zu Carl Schmitts Begriffsbildung, in: Quaritsch, Helmut: Complexio Oppositorum, Duncker & Humblot, Berlin, 1988, S. 537- 556.

Meier, Heinrich: Freund Jünger als Feind, in: Der Spiegel, Band 45, Heft 31, 1991, S. 168- 172.

Meier, Heinrich: Carl Schmitt, Leo Strauß und >Der Begriff des Politischen< - Zu einem Dialog unter Anwesenden, Metzler, Stuttgart, 1988.

Noack, Paul: Carl Schmitt – eine Biographie, Propyläen, Berlin, 1993.

Schmitt, Carl: Staatsethik und pluralistischer Staat, 1930, in: Positionen und Begriffe im Kampf mit Weimar – Genf – Versailles 1923- 1939, Duncker& Humblot, Berlin, 1988.

Schmitt, Carl: Der Begriff des Politischen (Text von 1932), Duncker& Humblot, Berlin, 1963.

Schmitt, Carl: Der Begriff des Politischen. Vorwort von 1971, in: Quaritsch, Helmut: Complexio Oppositorum, Duncker & Humblot, Berlin, 1988, S. 269- 274.

Vollrath, Ernst: Wie ist Carl Schmitt an seinen Begriff des Politischen gekommen?, in: Zeitschrift für Politik, Jahrgang 36, Heft 2, 1989, S. 151- 168.